松浦弥太郎の100個基本

ベーシックノート

U0073822

MATSUURA
YATARO

Contents

何謂松浦彌太郎の「100個基本」？

經常有人問我：「松浦先生是從什麼時候開始思考這些事情的呢？」「開始思考的契機又是什麼？」其實我從沒想過這些問題，只是在每日的工作與生活中，隨時保持對人事物的好奇心，並仔細凝視著，有時靈光就會乍現，察覺到微小的感動、想法和諸多的美好。在這個時候，我會像是撿到寶般而感到喜悅，並且寫下發現的過程及觸動。

每當重新審視這些筆記時，我會將「啊，我也想變成這樣」、「這個我想學」等想法，收藏在心中一隅。每天的各種體驗，都會以這種方式珍藏起來，直到有一天，遇到打從心底也認同的情況時，就能確切體會到：「原來是這樣

啊」。在此之前，這些寶物就像是別人暫時寄放在我這裡一樣，必須等到自己實際體察、認同之後，才會了解到它的珍貴。而我就是如此把日日收集到的寶物歸納整理後，進而完成了這本書。

《100個基本》是我希望用來瞭解自己、反省自己、整理想法、讓自己成長、提昇練習、為了活得更像自己，以及自我期許的基本教條。相信每個人都有屬於自己且想要用心守護的堅持，然而，有些堅持很模糊，不容易以詞彙或文字來具體描述。因此，我總是思考著如何將這些原則，一一訴諸筆墨。

使用任何方式都可以，看是要擬定計畫、建立

目標、養成習慣、透過模仿…全都無所謂，只要試著將這些基本事物條列出來，並時時檢視這張清單，確認哪些能夠辦得到？哪些是辦不到的？進而瞭解當下的自己。

我認為《100個基本》是漫長人生旅途中必備的指引地圖。當迷路與不安湧現時，隨時拿起屬於你的基本原則，反覆看個幾遍，讓它成為你的護身符。

《100個基本》需要每天不斷地更新修正，這樣才能讓這份人生地圖更加貼近自身。

《100個基本》的目的並不在於逐一完成，而是能因掌握到這些原則，並依循自己的成長軌跡蛻變。

100 Basics

Basic Notebook of Yataro Matsuura

把一切視為是自己的責任。
怪罪他人並沒有任何好處。

好事、壞事，生活中總有各式各樣的事情會發生。無論是什麼事，我認為「一切起因都在於自己」，不要將錯誤歸咎於他人，也不要抱怨這個社會。遇到問題，自己處理，自己負責。大多數的事情，都能夠靠責任解決。一旦有了「說服自己的關鍵就在於自己」的覺悟後，便能不依賴他人，全憑自己的雙腳繼續向前邁進。

001

捨棄自尊。
凡事忍耐。

所謂的自尊，不是用來當做武器揮舞的工具。
它適合深藏在心底就好。「捨棄自尊。凡事忍
耐」這個原則，是我所尊敬的知名編輯分享的
永續工作祕訣。他說：「如果每件事都要計較、
發脾氣的話，工作將無法進展下去。請把自尊
丟掉，即使不對也要忍耐，永遠保持冷靜。」
我認為，這是我從他身上得到最珍貴的哲理。

002

簡單生活。

必須做的事情，只要保留一

點點就好 。

簡化想法，篩選出少數幾件「非做不可的事」。
如果太過複雜，就將它單純化，並確實地努力
實踐。如果每件事都是東做一點、西做一點，
到最後只會半途而廢，沒有一件能夠好好完成。
就好像「想穿紅色，也想穿藍色」，一旦將兩
種顏色都穿在身上時，只會顯得格外不協調；
當「想要這樣，也想要那樣」的貪念出現時，
自然也全都不會實現。無法鎖定目標，就無法
得到進一步的成效。

003

對於過往，千萬別撒謊。

每個人都知道不應該說謊，但這往往僅限於眼下。提及過往時，你是否也會為了贏得他人的重視而添油加醋呢？即使不到說謊的程度，也可能為了將當時的行為正當化，而小幅度調整事實，對吧？過去的故事，除了你，沒有人能夠查證，撒個小謊也無傷大雅？就是因為這樣，才更顯罪孽深重啊。

004

選擇能夠被錢所喜愛的
工作與生活。

「己所不欲，勿施於人」這個原則無論對人或
金錢都是一樣的。確實，不管對工作或生活，
錢都十分重要，錢就像是經常幫助我們的好朋
友。所以我每次打開錢包，都會捫心自問：「這
種消費方式會不會被錢討厭？錢會開心嗎？」
請以這樣提問做為判斷依據，找出能讓錢喜愛
的工作模式與生活態度吧！

005

沒有比規律生活與健康管理
更重要的事了。

寫作、經營書店『COW BOOKS』、擔任《生
活手帖》雜誌的總編輯，無論從事什麼工作，
我的第一要務就是做好健康管理。第二要務，
則是守護為我工作的夥伴們的健康。不僅自己
保持生活規律不加班，也不讓員工加班。如果
你的周遭有人因為工作量太大而夜不成眠，請
務必出手相助。沒有健康的身體，就無法好好
工作，這個原則適用於任何人。

006

凡事都要為下一位著想。

上完廁所後保持乾淨，是為下一位使用的人著
想；把垃圾丟進垃圾桶，是為載運、回收、處
理垃圾的人著想；從事出版工作時，則要為校
稿的人、印刷的人、裝訂成冊的人、運送到書
店的人、賣書的人、閱讀的人著想。無論任何
事情，接下來都會有接手的人，我希望能夠在
採取行動之前，優先思考這個環節。

007

做好周全準備，
在對的時間出手。

在工作的過程中，佔最大比例的就是「準備」。
為了能率先出手，就必須盡可能準備周全，並
且劃分好階段性的工作。唯有及早做好準備，
才能夠冷靜面對一切變化。若能再加上細心，
大多數的事情都能夠迎刃而解。最困難的在於
出手時機。出手太遲，就無法趁勢而為；出手
太早，也可能掌握不到機會。唯有累積經驗才
是最好的方法。不過要記得，當你覺得「差不
多該出手」時，通常都已經太遲了。

008

一切的溝通，
都是為了傳遞愛。

無論工作或生活，任何場合都少不了溝通。在做簡報或向他人解說時，或是想要更緊密牽絆住與最在乎的人之間的關係時，溝通都是不可或缺的。正因為如此，更要牢記於心，溝通的目的在於傳遞愛，傳遞對工作的愛、對他人的愛、對事物的愛、對企劃案的愛。一切溝通始於愛，這一點請千萬謹記。

009

幸福是與人交往，
並且加深羈絆。

「對你來說，何謂幸福？」當聽到這個問題時，你能夠即刻回答嗎？我們每個人都是因為幸福而生，為了他人與自己的幸福而工作、生活。瞭解你所要的幸福，就等於知道自己是為了追求什麼而活著。而我的幸福來自於與人們之間深刻的牽絆，羈絆愈深，就是我最大的幸福。期許未來能夠看見「幸福的風景」，為此，我每天可是拼了命地努力著。

010

不害怕。不失信。
不要求。不放棄。

我想，這道理適用於工作、生活各方面。別破壞與他人之間的聯繫與關係。不要毀約。不要對人有過多要求。經常專心致志於一件事。一旦開始了就不要輕言放棄，這點很重要。無論你有多麼小心，事實上，有些時候就是無法順心如意。正因為如此，我才希望各位不害怕，不毀約，不追求，不放棄。

011

培養。

固守。

持續。

人與人之間的關係建立必須仰賴培養。建立關係之後要守成、持續下去。「該怎麼做才能夠培養關係？」「該怎麼做才能固守關係？」「該怎麼做才能延續關係？」多方考量之後，還必須下足工夫才行。

012

愈是雞毛蒜皮的約定
愈要重視。

「改天一起去吃飯」、「那本書我可以借你哦」
這些我們經常脫口而出的應允，對你來說，或
許只是不經意的一句話，但它仍是個承諾，必
須恪守。正因為這些承諾說得若無其事卻又含
糊不清，才更顯得重要。不要忘記雞毛蒜皮的
承諾，要確實遵守，我期待對方能因「啊啊，
你居然記得」、「原來那不只是場面話」而感
到開心雀躍不已。

013

同時擁有放大鏡
與望遠鏡的視野。

我們應該學會使用放大鏡及望遠鏡。同時擁有
看近物的能力與看遠物的能力，才能夠更接近
事物本質。不論是面對身邊發生的事與世界情
勢均亦然。心中也應該採用放大鏡和望遠鏡兩
種思考角度，同時思考「今天的事」與「十年
後的事」。

014

情報來自於經驗。
知識則應適可而止。

唯有個人經驗才是真正的資訊。觀察、閱讀、
聆聽所獲得的，不是資訊而是知識。知識一旦
增長，腦袋就不再思考，所以知識無需了解太
多。我們要當凡事思考的人，而不是萬事通。
也唯有「無知的自己」，才能坦率地面對所有
事物。世界上充滿各種知識，放著不管也會持
續增加，偶而不妨學著努力遺忘吧！

015

八勝七敗的美學。

全面勝利的人，下次勢必要面臨全面失敗的風
險。一切太過順利，反而會出現反彈，遭遇受
傷、大病一場或發生問題等意外狀況。所謂的
目標必須和相撲一樣，追求八勝七敗。比起五
勝五敗雖小贏一點，卻更符合美學。瞭解自己
也有贏不了的時候，有時亦可主動讓出勝利寶
座，掌握這種平衡，才是永續的關鍵。

016

看，看，持續的看。

所謂仔細觀察，似乎沒什麼卻相當困難。我們
不應該只認同自己眼中所看見的事物，且自認
為了解。「只看一眼就能判斷」這說法實在有
些荒謬。巡禮過一遍後，再細看第二遍，在思
考「這是什麼？」的同時持續看著；在質疑「這
到底是怎麼回事？」的當下，還是不斷地觀察。
摸一摸，再看一看，多看幾遍都嫌不夠。不要
立刻就接受，要持續觀察。

017

具備交朋友的能力。

人擁有多種能力，其中最重要的就是交朋友的
能力。只要擁有這種能耐，即使一無所有，走
到世界任何角落都能夠活下去，有助於生活與
工作。所謂交朋友的能力，就是能夠找出對方
「優點」的本事，尋找對方的長處，並告訴對
方，雙方進而成為朋友。無論對人、對事物，
只要具備找出優點的能力，就能夠得到幸福。

018

為了工作而玩耍。

與「為了玩耍而工作」不同。從事優質工作應
該有許多玩耍的機會。所謂玩耍，就是累積各
種經驗。透過經驗學到的資訊也有助於工作。
比起只顧埋首工作的人，生活充實的人在工作
上表現更傑出，也具備體貼的心和想像力。努
力玩耍吧！想要「做大事」的人，愈是需要大
玩特玩。

019

對於媒體，
只要保持距離遠望即可。

沒有必要全面拒看，不需要討厭或否定，但也不需要仔細觀賞。電視、報紙最忌諱囫圇吞棗，保持一點距離大略看一下就好。只需瞭解「原來發生了這種事啊」即可，別把那些當成是主要的資訊來源。

020

不是體貼，而是想像力。

體貼固然重要，但體貼若走偏一步，很有可能
變成「自我感覺良好」。自我感覺良好非但會
阻撓對方接收到自己的貼心，還很有可能造成
莫大困擾。試著將「體貼」一詞換成「想像力」
吧！如此我們才能夠以平常心待人、體諒他人，
而不會過度執著。

021

鍛鍊心靈。

為此，我們看書、聽音樂、

欣賞戲劇、接觸文化。

今後是仰賴人類力量的時代。養成力量必須磨
練心靈。閱讀、聽音樂、欣賞藝術與戲劇。接
觸文化能夠成為磨練心靈的契機。自己主動外
出接觸文化、實際體驗，這樣才能夠磨練心靈、
訓練品味，進而化作成長的糧食。

022

成為問候高手。

在別人打招呼之前，請先主動打招呼。「成為問候高手」這句話必須當作每天的座右銘。鄰居、同事、稱不上是朋友的人，我們平常很難和這些人閒聊上。瞭解對手、讓對方能瞭解我們，兩件事情同樣困難。但是人人都會打招呼。打招呼只需花幾秒鐘的時間，卻也是一種溝通。

023

基本原則是，
誠實、親切、笑容。

誠實、親切、笑容對我來說，就是萬事萬物的
根本。煩惱時、猶豫時，都會回到這個根本來
思考。下定決心無論發生任何事，都不能放棄
這三個原則。將來該做什麼，這點每個人都不
同，唯有擁有根本，心靈才有依靠。即使遭遇
到難以挽救的失敗，只要回到根本，就能夠重
新來過，為自己打造避風港。

024

不競爭。

不爭勝。

一般認為為了獲得成果、為了提高動機，競爭
有其存在的必要。我認為這種想法缺乏常識。
工作不是為了要比其他人優秀，而是為了要讓
其他人開心。假如我被安排在十分競爭的環境
裡，我一定會早早棄權。因為我向來喜歡禮讓
別人。

025

經常自我投資。

花錢買經驗。

學習不能省。

錢要花在經驗、體驗上，這也是一種自我投資。
我希望各位要將花錢視為是在自己心田播種一
樣。自我投資有許多種方式，學習是其中之一。
這種時候千萬別吝嗇。總聽到別人問：「用什
麼方式學英文最省錢？」如果下定決心要學會
一件事，最快的捷徑不就是狠狠撒錢嗎？

026

品嚐能夠溫暖人心的食物。

吃飯是每天必做之事，真的很重要。單純吃飯
與費心嚐到美食是兩碼子事。所謂美食指的不
是高檔料理，而是他人用心烹煮的料理。世界
上有各式各樣的食物，若不肯花心思挑選，就
會變成得過且過。面對自己烹飪的食物、家人
親手的料理、店家精心準備的餐點時，我們必
須學會懂得品味。

027

隨時替旁人著想。

行動要安靜，別發出噪音。

「這身打扮搭乘地下鐵會不會太醒目？」這是我向單打獨鬥闖出一片天的造型師請教挑選衣著標準。即使你喜歡奇裝異服、華麗服飾，仍有可能無法融入四周。將「自己」融入這個世界，避免給人添麻煩，也是一種禮貌。不要發出噪音，舉止安靜，也是融入的技巧之一。

028

重要的事寫在信上。

練就一手好字。

自己真心想表達、想委託、想道謝的重要內容，
應該寫在信紙上傳達。讓我們都愛上寫字吧！
為了能夠讓你經常寫信，盡量選用沒有裝飾的
樸素信紙和信封。收到明信片時，就用明信片
回覆，收到信紙時，就用信紙回覆，這些雖然
只是小事，卻是對收件人的體貼。收到明信片
卻用信紙回覆，只會讓對方感到惶惶不安。

029

記住保持高雅儀態。

雙手不要插口袋。

資質良好的東西、細心打造的東西、不受潮流
影響經典又優質的東西，與奢侈不同、與一眼
就看出價格昂貴的東西不同。表現出「天生高
雅」的儀態是對他人的禮貌，也可說是表達敬
意的態度。無論穿著多麼高級的服飾，只要把
手插進口袋，一切都是枉然，請務必記住這點。

030

希望得到支持者，
必須先樹敵。

如果真心想要得到他人支持，必須學會表達自己的意見，才會出現對此「支持」的人與「完全反對」的人。畢竟我們不可能獲得所有人的認同。藉由這樣的方式與支持我們的人加深關係，不正是溝通應有的姿態嗎？意見含糊、左右搖擺的人不會樹敵，同樣的，也不會有支持者，充其量只是個八面玲瓏的人罷了。

031

瞭解孤獨是身為人的
必備條件。

孤獨是人類生存的條件之一。無論在工作上或
生活中，我們難免感到孤寂，無法逃避，就愈
想逃離，孤獨愈是會緊跟著我們。接納「人，
生而孤獨」的事實，瞭解「孤獨，正是我們活
著的證明」，如此才能成為大人。

032

隨時保持手指與雙手乾淨。

隨時保持手指與雙手的乾淨。不論是觸摸東西或工作等時候，手都是非常重要的工具。握手、傳遞東西，手更是溝通上不可或缺的媒介。身為最重要且最常派上用場的用具，我們必須好好照顧手指與雙手，不得偷懶。

033

想想那樣做，

能夠帶給他人幸福嗎？

做出任何行動前，無論多麼微不足道的行為，都必須撫心自問：「這樣做，能夠帶給他人而非自己幸福嗎？」這是很重要的，也會反應在工作態度上。日常生活中的每分每秒都要用來反問自己：「這樣做會帶給他人幸福嗎？」這個習慣必須納入每日的練習中。

034

每天換個想法。

這樣做會怎樣？那樣做會怎樣？——即使你認為萬無一失，也應該假設萬一發生變卦的情況。所有事情的答案不只一個。此外，為了在狀況發生時能夠臨機應變，我們必須事先做好各種預測，也必須先思考各種版本的計畫，這樣，我們的心才能從容不迫。

035

所有東西都能修復。

任何東西總有壞掉的一天。即使你再珍視也無法改變。最重要的是當它壞掉時，不要馬上丟掉，必須先想辦法「修復」。無論是鋼筆、鞋子或衣服，即使買新的會比較便宜，也要修好再用，這樣才能夠建立豐富且謹慎的生活。人際關係上，有時也會因為意見相左或工作問題而產生嫌隙。唯有仔細修補，才能夠建立更深厚的情誼。

036

不只注意主角，
也要看清配角並思考。

面對事物時，焦點不要只集中在主角，也要仔細觀察配角。比方聽到有人說：「這咖啡看來很好喝。」這種時候你要看看配角，而不是研究沖泡方式或咖啡豆。「美味咖啡」的配角是指店內的氣氛、音樂、煮咖啡的人、端咖啡的人、一起喝咖啡的人。一杯普通咖啡之所以美味，是因為來自於咖啡以外的美好。想要瞭解事物，就必須同時思考主角與配角。

037

與其讀 100 本書，

不如一本好書讀 100 遍。

一本接著一本數下去，當你說「我讀過這麼多
書」時，到底學到了什麼？剩下的，似乎只有
「讀完 100 本書」的紀錄罷了。倒不如找到一
本好書反覆閱讀 100 遍。專心與即使讀了 100 遍
仍有新意、深度的好書相處，就能夠學到更多。
人際關係亦是如此。與其和 100 個人往來，不如
與真正喜歡的人約會 100 遍，更能夠瞭解對方與
自己的本質。

038

對於自己擅長的事物
更應該學習、鍛鍊、挑戰。

每個人總有一、兩項擅長的事物。試著將它找
出來吧！持續的學習、練習，使之更加精進。
持續挑戰，加倍精進。這樣才能培養出「個人
專長」。

039

不要劃地自限。

是誰讓你產生「已經沒辦法了」的感覺？我想，多半是自己吧！每件事當然都有極限，環境不允許、物理上辦不到、沒時間等。但多數情況是在你遭遇極限之前就先畫地自限了。或許你認為「我已經很努力」，但凡事都還能夠更深入、未來的後頭還有未來。只要不抱持：「欸，算了，就這樣吧」，你就有機會挑戰進一步、更深遠的可能性。

040

凡事要貫徹主見。

所有事情不必都透過我，多數情況下，反而讓
其他人處理會更好。但談到個人意見時則另當
別論。信任與抉擇必須堅定。自己的「意見」
是深思熟慮的結果，不要輕易地就受到影響，
才是對自己負責。

041

別失去坦率和青澀。

無論累積多少經驗，無論變得多麼機敏，記住
永遠保持坦率，絕對不要變得世故，別失去青
澀。這就是得以持續成長的祕訣。在保持坦率
與青澀的同時，仍能堅持個人主張，我認為這
才是最理想的狀況。

042

關鍵時刻不怯場的勇氣。

老是大發厥詞一夫當關是很累人的，旁人聽久了也會厭煩。儘管如此，在「關鍵時刻」時仍不應該猶豫。別難為情或不好意思，鼓起勇氣向前踏出一步或舉手。尤其是工作上，只要下定決心不怯場，勇氣一定會湧現，覺得難為情的話語也變得不拗口、能夠大膽地說出來。面對重要場合，無須在意旁人目光。

043

決定撒嬌就堅持到底，
儘管抬頭挺胸地撒嬌。

與年長者往來，總免不了對方請客的場面。如果你老是拒絕，會惹得對方不悅。如果前往高價位餐廳卻只點便宜的餐點反而失禮。一旦決定撒嬌，就應該毫不客氣地撒嬌到底。這也是一種禮貌。決定要撒嬌就撒嬌，決定不撒嬌就別撒嬌。這一點不只是接受他人款待時適用，也是與長輩應對的規則。

044

學會好聽又謹慎的說話方式。

搭乘計程車、與小朋友相處，隨時都要使用優
雅且有禮貌的詞彙。遣辭用字可是很重要的。
我偶而會遇到過分謹慎的人，但心裡卻不覺得
討厭，因為，那就是對方的個性。儘管結結巴
巴，仍然以得體的詞彙和敬語努力表達著。

045

善待錢包。

不要擺在低處。

因為錢包裡要裝入我們重要的好朋友——錢，
所以絕對不能雜亂。回家後，別把錢包擺在低
處。固定將錢包擺在「如果要裝飾重要物品的
話，我會選在這裡」、「我如果想隨時看到喜
歡的東西，會選在這裡」的重要地方，表示你
尊重且珍惜金錢。

046

面對任何事物，
都要把對方當作自己
最重要的朋友。

即使是一枝原子筆也一樣。包包或書本也沒有
例外。面對任何事物，都要像是接待自己重要
的朋友。只要心中珍惜，就不會做出對方不喜
歡的行徑，粗暴的舉止自然也會消失。

047

仔細聆聽他人與社會的聲音。

經常有人這麼說，無論多忙碌，仔細聆聽他
人說話很重要。但如果我們只是聆聽，仍稱
不上積極。除了側耳傾聽之外，還需要用心
反覆提問並持續諦聽。保握難得的機會，應
該追問對方直到不能透露的極限。另外，對
於來自社會的聲音亦是如此，我們應該抱持
著好奇心深入細聽。

048

時時思考如何讓對方獲得好處。

成為別人「想要認識」的人。如此一來，對方
會覺得「見到你就很開心，而且有好處」。無
論在工作或私生活中，想要受到他人重視的最
好方法就是讓對方得到好處。讓人有「和你一
起工作能夠賺大錢」、「你會給予我們有利條
件」，或是「和你碰過面後總會很有精神」的
感受也可以。隨時讓對方體悟到助益，當有一
天，我們有求於人時，對方也會樂意伸出援手。

049

不分年齡，把所遇到的
每個人都視為老師。

我們總能從相遇到的每個人身上學到些什麼。
即使是說我們壞話的人、否定我們的人，也一
定能夠從這些行為中得到一些道理。我們應該
要向這些人表示感謝。從比我們年紀小、乍看
之下學不到東西的人身上也能學到很多。每個
人總有「不喜歡見到」的對象，若換個角度想：
「對方能夠教會我什麼呢？」心情多少會變得
輕鬆一點。

050

模仿、效法、稱讚你尊敬的人。

擁有值得敬重的對象很重要，懂得模仿尊敬的
對象卻更重要。模仿就是學習。模仿尊敬的對
象能夠學到自己摸索不到的全新經驗與方法。
稱讚尊敬的人也很重要。確實說出口，經常把
讚美掛在嘴邊，便是感謝對方讓我們學習的最
好回禮，同時傳達「感恩」的心情。

051

成為連接人與人的橋樑。

生活與工作的同時，也要經常思考自己身為網
路中繼站的角色。我們要播種——把這個人
和那個人連繫起來，一定能夠產生全新的火花
——創造出像這類的邂逅。種子一定會發芽開
花。不要執著在自己現有的人脈。去認識更多
人，以拓展更寬闊的網路。

052

瞭解各領域的最好與最壞。

想要深入瞭解某個目標，就必須先瞭解最好與最壞的情況。舉例來說，如果想要熟悉飯店，你就必須住過一流的與平價的。以料理來說，不能只進出米其林餐廳，也必須嚐嚐其他國民美食。你不能僅捧著好東西，就將其他東西視為無物，而是要從中學習：「啊，這就是三百日圓的滋味嗎？會如此受歡迎，表示一定有這樣的需求吧」。

053

重視朋友。

朋友無論如何都很重要。工作上少不了朋友，朋友亦是我們的精神依靠。在「珍惜家人」的前提下，真正有難時，能夠幫助我們的，或許多半是朋友而非家人。家人是命運共同體。自己沉淪，家人也會跟著沉淪。遇到這種時候，能夠依賴的只有朋友了。

054

看了價格後，
別評斷「貴」或「便宜」。

不要養成根據價錢來判斷價值的習慣。貴的東
西有它貴的理由，便宜的自有便宜的道理。去
店裡問了價錢之後，卻說了聲：「好貴！」真
的很沒禮貌。在擺滿便宜商品的店裡說：「便
宜便宜！」也感覺有點不莊重。

055

仔細聽別人說話。

持續聽，認真聽。

聽人說話很重要。不光是仔細聽，還要「認真
聽」。除了仔細聽之外，還必須提問，才能聽
到接下來及更深入的部份。有技巧地引導對方
自然地說出來，不要拚命追問。仔細聽話的態
度，能夠間接讓對方敞開心房。

056

每個禮拜買一次花。

一週買一次花。這不是原則，而是一種樂趣。
「鬱金香差不多該出現了」、「現在最漂亮的
是什麼花？」能感受季節的事物，對於生活和
工作來說都很重要。因為生活中存在著美麗且
有生命的東西，它們讓我瞭解愛的光采。

057

每兩週剪一次頭髮。

為了給人好印象，我每兩個禮拜便會剪一次頭髮。不是等到頭髮長了才剪，而是在變長之前就先去修剪。這個做法可能有點極端，不過，我有自己的看法。曾聽美髮師說過，「理容」就是「整理儀容」的意思。我平常不花錢吹整髮型，所以每兩個禮拜一次，會拿這些錢去整理儀容。

058

一年四次，享受當季美食。

享受春夏秋冬各個季節的美食，全家人一年就有四次機會聚在一起，接觸文化與大自然。日本料理尤其能讓人感受到季節。稍微奢侈地去品嚐美味，也是對自己的一種投資。一季一次的大餐，等於是給自己的犒賞。

059

無論發生任何事都不放棄。

不需要全身都散發出「我不放棄」的氣勢,只
要在心裡平靜地持續燃燒「不放棄」之火即可。
即使旁人覺得「你該放棄了」,仍要繼續堅持下
去。無論遭遇到什麼挫折,也絕對有解決辦法。
別急著找出路,只要持續堅持下去,機會終究
會到來。

060

時時思考「這樣好看嗎？」

必須隨時留意自己的姿態、舉止、食衣住行「好看嗎？」正在著手進行的工作完成後，也要想：「這樣完美嗎？」完成前的工作姿態優雅嗎？言行舉止得體嗎？不斷地反覆思考著。

061

不買就什麼也學不到。

想要知道就得砸大錢。

真的想知道答案時，也只有花錢了。舉例來說，
如果想知道手拿價值百萬日圓的包包是什麼感
覺？會產生什麼反應？為什麼價值百萬？就必
須花錢買個來試試。你得到的將不只有包包，
還有價值百萬日圓的資訊。即使失敗仍可學到
東西。有時經驗必須「花錢買來」，而不是去
問擁有那些經驗的人。

062

遠離平凡的人事物。

遠離免費的東西。即使有人給你，也要拒絕。
集點卡這類東西也應該避免。冷靜思考「拿集
點卡可以打〇折」這種好處交換，會涉及多少
個人資訊。也許你付出的個資風險，遠大於獲
得的好處。記得這個世界沒有白吃的午餐。

063

交際應酬適可而止。

不要變成八面玲瓏的人。

我們需要某種程度的交際應酬，但我認為沒有
必要到處露臉，當個八面玲瓏的人。把「與人
往來」擺在最優先的位置，只會妨礙自己進行
該做的事。應該建立真正的人脈，而不是寬廣
淺薄的人際關係，因為我們並非在收集認識的
人。所謂人脈，是與一群因互相需要而相識的
族群，建立無論發生任何狀況都不會動搖的互
信關係。

064

珍惜家人。一年掃墓六次。

因為關係親密而經常被忽略的，就是家人。家人如果彼此疏遠，所有事情將無法順利進行。為了避免遺忘擁有家人這件事，我們應該要去掃墓，而這與宗教並沒有關連性。中元節、彼岸日※、忌日當然要去掃墓，其他一般日子也應該隨時走一趟。因為有祖先，才能夠有現在的家人和自己，感謝、尊敬也是天經地義。如果希望生活更豐富，別再拿「忙碌」當藉口，去掃墓吧。

※ 譯註：以春分或秋分為準，前後為期一周的時期。日本人在這時到墓前祭拜，為已故親友祈求平安。

065

書桌上不要放置任何物品。
用一張白紙開始工作。

書桌清理乾淨，不要放置任何物品。開始工作
時，桌面擺上一張白紙。每天都是全新的開始，
讓自己從猶如白紙的狀態下啟動。所謂工作，
並不是處理眼前的事情，而是發現問題，解決
問題。整個過程就像在「思考」。視線範圍內
不要有月曆、圖畫等礙眼的東西。簡簡單單最
重要。將白紙擺在眼前時，讓我們學習尊重浮
現在腦海中的每個想法。

066

書是用來閱讀，不是用來裝飾。
閱讀完畢就處理掉。

書不是用來「收藏」，更不是用來裝飾書架，
應該用來展讀的書，不該當作庫存或被分門別
類。書是用來「閱讀」的，閱畢後，書的使命
也就結束了。只要沒有其他原因，讀完的書都
應該馬上處理掉。處理的方式有很多，送給他
人或捐贈都是可以的。這也是不增加個人物品
的做法之一。

067

珍惜、享受、品味
獨處的時間。

無論工作或生活，我們隨時都與某個人有關
聯。也因為我們一直與他人接觸，沒有自己的
時間，才會累積相當多的壓力。在工作中抽出
五分鐘的時間，一個人發呆；下班回家的路
上，一個人獨處。刻意製造一個人的時間，上
咖啡店喝茶、呼吸戶外空氣、或散步。享受、
品味獨處的時光，不但能夠找回心靈平衡，也
能讓自己放鬆。

068

進行個人計畫。

這個計畫只在自己的心中執行，不要告訴任何人，計畫瑣碎也不要緊。擁有許多個人計畫能夠讓每天過得更充實。只有想法的話，很容易會忘記，最好把計畫具體寫下來。寫下來之後，從做得到的開始進行。我相信你一定能夠理解到，當心中有個無需對任何人彙報的計畫時，是有多麼精采可期。

069

樓梯要一階一階往上爬。

不急，循規蹈矩就好，萬事萬物都有所需的步
驟與時間。跳過一段階梯快速上樓，並不會有
任何好處。不管你有多著急，都應該一步一階
踏穩後再往上走。一口氣跨過好幾層階梯跑上
樓，一定會遭遇到不好的事。紅燈閃爍、看似
可以前進時，也別急著踏步往前走。從現在開
始養成慢慢來的習慣。

070

享受麻煩。

我們是人類，自然會有「那樣好麻煩」的想法。但，麻煩正是樂趣所在。那兒潛藏著事物的本質。因為嫌麻煩而不動手、交給別人、或是毫無根據地嫌惡，實在很可惜。享受、品味麻煩的過程吧！祕訣在於別把「麻煩」兩字掛在嘴邊。一旦把「麻煩」說出口，就會搞砸很多事。

071

想法、感覺、點子都寫在紙上。

當想法在腦海中浮現時，馬上寫下來。寫在筆記本、便條紙、紙巾、收據背面都可以。總之，養成寫筆記的習慣。你自信「可以記在腦子裡」的東西，事實上，往往會被遺忘。反而是天外飛來的想法或許哪一天有機會實現。有人說：「消失的事物愈是尋找，愈是找不到」。點子總會在你不去尋找的時候出現。做好寫下來的準備，靜待靈感的降臨吧！

072

不害怕失敗。

寫一本「失敗筆記本」。

我們每天都在挑戰新事物，所以每天總會遭遇許多失敗。即使諸事不順也別氣餒。讓失敗成為經驗。說不定就能夠從失敗中得到更多具體資訊，有助於日後的成功。在每次挑戰之前做好失敗的準備，是非常重要的。另外，寫一本「失敗筆記本」，透過書寫來整理自己，讓自己心安，也能夠避免受傷。

073

不說「絕對」、「一般來說」。

「絕對」、「一般來說」等詞彙最好盡量避免使用。這世上沒有絕對，也不存在一萬人都適用的「一般來說」。當不自覺說出這兩句話時，應該告訴自己：「不可以這麼說」。與他人意見相左而無法達成共識時，只要轉念一想：「他說得沒錯」，就能夠找到妥協的部分。只要以「不懂的人是我，對方沒有錯」的方式讓步，事情就能夠順利進行下去。

074

按照 1、2、3 的節奏，
反覆進行。

無論生活或工作，無論短期或長期，所有事物都應該配合自己的步調進行。反覆著「1、2、3」的步驟。1是挑戰，2是前進，3是達成。利用已知事物為基礎再進行一次 1，就是全新的挑戰。不斷持續下去。不順利時，表示你亂了步調，姑且先回到原點，按照順序重新踏出步伐。這就是保持新鮮，找回初衷的訣竅。

075

用正確的姿勢走路。

擺動雙手。

抬頭挺胸。

平常走路要保持良好姿勢，擺動雙手，抬頭挺
胸向前走。走路的姿勢、站立的姿勢，代表著
我們的生活與工作。姿勢良好、俐落爽快，自
然會展現出自信。走路姿勢擁有強大的力量，
能夠影響思考方式、與人交流等。走路姿勢要
漂亮，就必須隨時提醒自己別人正在看。不必
到自我意識過剩的程度，但這個做法確實有效。

076

有求於人時，請先付出。

有求於人之前，必須先為對方付出。沒有先付出，就不要奢望有人幫你。只要給予對方喜歡的東西，大致上，他們都會願意幫我們達成願望，這是我在國外學到的道理，付出不一定是物品或條件，即便是簡單的問候或笑容都可以。我們必須先付出點什麼以滿足對方的情感，這不僅是讓人願意伸出援手的祕訣，也是與人交往的起始點。

077

不要當溫柔的人。

也不要當冷漠的人。

要當個「真正溫柔的人」是很困難的；但要成為別人口中「溫柔的人」卻很容易。無論會招至什麼結果，也要昧著良心逗人開心，這種只限特定時空的溫柔，任誰都辦得到。只是這種溫柔無法培養出任何成果。我不是叫你當壞人或保持冷漠，而是為了盡責、達成某些成果，就必須擁有無法靠溫柔敷衍過去的強韌。

078

愛他，就是讓對方有展翅的空間。

相愛，就是讓彼此都有這樣的余裕。

所謂愛，就是讓對方有展翅的空間，而相愛，就是讓彼此都能擁有這樣的空間。溫柔體貼，並不是愛，無論釋出多少善意，只要你想按照自己的方式改變對方，就稱不上是愛。所謂愛，應該是與對方交往時，成為他的助力，幫助他展開雙翼，讓他乘著以「潛力」為名的翅膀遠颺。以「愛」為名來支配對方，才是謊話連篇、最可怕的愛。

079

學習歷史。

向歷史學習。

歷史是人類行為的累積。歷史上有無數珍貴的
失敗例子與成功例子，再沒有任何教科書比歷
史更豐富。猶豫時、煩惱時，只要回顧歷史，
就能從歷史中取經。「原來這樣會失敗啊！原
來這樣也能成功啊！」充分瞭解並以之為參考。
對照江戶時代（1603 ～ 1867）的人們與當代的
自己，發現彼此都有著喜怒哀樂，不免對此感
到開心。這也是學習歷史的樂趣所在。

080

切忌交抱雙臂或翹二郎腿。

隨時注意坐姿。

隨時注意坐姿。在人前，不論交抱雙臂或翹二
郎腿都很失禮。喜歡無意識地交抱雙臂或翹二
郎腿的人，最好改掉這種壞習慣。這些動作在
歐美國家或許普遍，但在日本沒有這類習慣。
坐沒坐相地伸直雙腿或姿勢不良也不行，背靠
著椅子伸懶腰就更別提了。

081

不要說「沒錢」、「沒時間」
這樣的話。

沒錢、沒時間的情況固然經常發生，但是別把
這些話掛在嘴邊。若不自覺差點說出來時，也
請馬上把話吞下去。我認為這些話無論如何都
不應該說。能夠在有限的金錢、時間內達成目
標是自己的責任。沒錢、沒時間的原因或許出
自於個人的生活態度。倘若將這些歸咎於「是
社會的錯、是這個世界的錯」，那麼，你永遠
都不會有足夠的金錢與時間。

082

猶豫時，

就選擇最辛苦的那條路吧。

我們每天不斷地做出判斷，也因此，日子總是
過得既迷惘又煩惱。當無法決定該選哪個好時，
就選擇最辛苦的吧！一旦做出這樣的選擇，就
必須要集中精神，而你會變得謹慎，並且更用
心準備。以結果來看，不但能夠找到最正確的
方式達成目標，也能夠從中學習到很多，並在
最後獲得成功。相反地，選擇最輕鬆的路反而
會缺乏緊張感，而你也不會得到任何收穫。

083

嘗試逆向思考。

只往一個方向思考，肯定會遇到瓶頸。找不到
答案時，不妨試著從另一個方向切入，試想原
本打算速戰速決的事，若耗費時間慢慢執行，
情況會是如何？自己如果是上司的話，應該如
何站在部屬的立場思考？箭頭不該只有單向。
重點在於捨棄「我是對的」的執著，讓想法保
持彈性。

084

懂得煞車比會
加速或操控方向盤重要。

我們的一生就像在開車一樣，多數人只重視轉彎或加速，卻不懂得踩煞車。這樣的人在工作或生活上，往往也鮮少會踩煞車。擅長踩煞車，才能夠成為 F1 賽車手。只曉得狂奔、緊握方向盤的人，總有一天會出事的。為了避免人生失控，就必須擁有適時踩煞車的勇氣。

085

隨時保持平衡。

記住完美協調。

吃東西、運動量、與人溝通的重點都在於不偏頗。前一天吃太多，今天就要克制、少吃一點；運動不足就要運動；專注工作後要休息。交際應酬太多，便需要更多的獨處時間。不可隨心所欲地過度揮霍，應該以完美的協調為目標。保持平衡，是凡事得以順利進行的法則。

086

播種、澆水、培育、收穫。
這就是農夫的工作。

人類分為兩種類型，一種是出門尋找、捕捉獵
物的獵人；另一種是在土地上播種、澆水、培
育、收穫的農夫，兩種類型無分軒輊。不過，
我期許自己能夠成為農夫，能在人生最適合的
時期，不斷地反覆播種、培育、收穫。

087

永遠提早 15 分鐘。

將「凡事提早 15 分鐘」、「永遠提早 15 分鐘」
當作自己的原則。提早 15 分鐘抵達約定地點、
提早 15 分鐘坐進會議室，整理好心情，進入準
備狀態，這就是提早 15 分鐘的用意。

088

別忘了表達感想。

常會有人為我們做些什麼或主動對我們示意，
對於這些友善的表現，我們不應該只以一句「謝
謝」就敷衍帶過。別人為我們做了事，就應該
要告訴對方自己的感受。這個舉動足以讓對方
感到愉悅。簡單來說，吃了人家的點心不能只
是道謝，還要告知感想，說說這個甜點「如何
好吃」。這是人際之間很重要的交流。

089

不要討論不在場的人。

在背後議論他人的行為是沒有意義的，更不應
該談論八卦或壞話。即使是近況或稱讚，只要
當事人不在場，就不應該以此做為話題閒聊。
不經意地談起不在場者，很容易造成誤會，應
該謹慎以待。

090

不要成為工作狂。

要懂得生活。

我不希望自己除了工作之外，一無所有。即使
沒了工作，仍然能夠享受生活。生活是發揮工
作本領的舞台。「平常很優秀，假日碰面卻被
發現很無趣」這樣的工作狂是很孤獨的。

091

整潔比時髦更重要。

衣著的目的，

是為了表達對他人的敬意。

服裝能傳達出我們對於他人的敬意。也正因為
如此，乾淨與否，比是否符合潮流更重要。別
做出一身自我感覺良好的打扮。與其在乎各種
流行細節，不如執著於整潔這件事上。自以為
平易近人而穿著 T 恤去見客戶是極為失禮的行
為。不論對方年紀是否比較年輕，彼此見面時
仍應該穿著適當的服裝。

092

可以成為輸家，
但別當個弱者。

所謂弱者，是指必須依賴他人，接受保護，否則無法生存的人。例如，沒被裁員卻死賴著公司的人，就屬於弱者。而輸家無論失敗多少次，仍有勇氣憑藉一己之力重新站起，再度挑戰。挑戰會找上輸家，但弱者是沒有未來的。

093

對於廁所也要致謝。

凡事都要心懷感恩。

無論發生什麼事都要言謝。學著凡事致謝。早
晨上廁所時，我也會說：「謝謝」，因為身體
健康才能順利排尿。我感謝乾淨的廁所。我感
謝自己的健康。感謝的念頭是會自然湧現的。
剪指甲時，我也充滿感謝，「指甲會變長表示
我還活著，我很健康」。

094

持續讓自己變得更好。

篩選出各種想法，將能夠做到的事化為行動
後，大多數的事情都能夠具體實現。但這並不
是終點而是起點。總之，先把事情完成，再來
想想有什麼辦法能夠讓情況更完美。事情不是
在「完成」那瞬間就結束，我們應該更執著於
「怎樣做會更好」。而「篩選想法」就是掌握
進步的關鍵。

095

每多一件物品，
就要減少一件東西。

書、衣服、家飾家具、文具、配件。我們應該
要學會，當身邊增加一件物品時，就要減少一
件東西的想法。為了避免身邊物品過度增加，
應該要找出適合自己的數量。每個人都有最適
合自己，且能取得均衡的物件總量。有時東西
就是會不明所以地暴增，這種時候更應該保持
「必須減少些什麼」的習慣。

096

不要吝嗇花錢

在購買寢具和家具。

我們一天之中有將近三分之一的時間在睡覺，
即使是一生也如此。既然在睡覺這件事情上要
花費這麼多的時間，就更應該選擇高品質的寢
具，這也是一種自我投資。床單、枕頭、床舖
盡量挑選在自己能力範圍可以購得到最好的產
品。家具也是個人財產的一種，最好選擇能夠
使用一輩子的。愈是別人看不見的東西愈要花
錢，才能夠豐富自我的心靈。

097

學會說三國語言。

這是我心中的目標，也是我個人重要的計畫之一。能夠直接與外國人溝通是美好的經驗。姑且不論實際聊天有多麼困難，有沒有把學習語言這件事當作個人計畫來看待，卻是有很大的差別性。我會的語言加上母語是日文、英文、中文三種。假如你還年輕，懂得多國語言更是不可或缺的個人計畫。

098

與時間成為好朋友。

追求時間喜歡的工作與生活。

與包括金錢、工具、周遭的所有一切做朋友是
很重要的。我尤其希望與時間變成好朋友。別
忘了要追求時間喜歡的工作和生活。不追逐時
間也不被時間追逐，與時間和平共處。時間雖
然沒有具體形象也看不見，但「我如何生活」
就等同於「我如何與時間相處」。

099

時時更新自己的處世原則。

擁有個人原則很重要。但原則並非一成不變，
也不能只是想法，還能轉化成文字。人時常在
改變，今天的我與明天的我不同。為了符合自
己的轉變，也期望讓自己更好，原則應該要隨
時更新。不留戀昨天的自己，不害怕矛盾，積
極向前，擁有一百八十度改變與習慣的彈性和
勇氣。

100

何謂 COW BOOKS の「100 個基本」？

秉持著「自由」的理念，我們成立了 COW BOOKS 書店，轉眼已經過了十年。

該如何工作？守護些什麼？什麼是值得珍惜的？個人應該怎麼做？書店如何成長？目標是什麼？所有工作人員在開店之初便已經認真一一討論過。書店得以延續下來，我想，唯有大家一條心才能辦得到。

因此，我將相當於每日店規的內容一一篩選後列表。這些只是基本原則，所以希望大家都要做到並牢牢記住，將每天的失敗當作教訓，並持續建立新的店規。這就是 COW BOOKS 的「100 個基本」。

我們每天的工作就是處理書店業務，即使有重要或掛心的事，也必須受制於眼前不得不做的工作。但，是什麼在支撐著這不得不做的工作？對此，我們彼此交換了意見。

COW BOOKS 開業至今已屆十年。有天，我突然決定讓所有工作人員重新確認 COW BOOKS 的「100 個基本」。每個人針對這 100 則店規，篩選出能夠做到與不能做到的，藉此瞭解哪些準則是所有人都能做到的。經過這十年來的努力，我認為，如果能做到 100 則中的一半就已經很好了。猜猜看，他們能夠做到幾項呢？

我將五位工作人員選出的清單，提供各位參考。

工作人員 A 能做到的有 17 項，不能做到的有 83 項。工作人員 B 能做到的有 60 項，不能做到的有 40 項。工作人員 C 能做到的有 43 項，不能做到的有 57 項。工作人員 D 能做到的有 40 項，不能做到的有 60 項。工作人員 E 能做到的有 19 項，不能做到的有 81 項。再補充一點，工作人員 E 一個月前才剛加入我們書店，還是菜鳥呢！

這五名工作人員全都能夠做到的共通項目，在100 則店規之中只有兩項。這兩項就是「絕不從正在瀏覽書架的客人面前橫越」及「客人購買的商品要用雙手遞上」。

怎麼會這樣？結果讓所有人都驚訝得說不出話來，但這就是 COW BOOKS 的實際情況，我們要欣然接受。不過，我很慶幸能夠在十年這條分界線上了解到，並且深深覺得建立 COW BOOKS「100 個基本」是件多麼美好的事啊！

現在，我們即將迎向新的階段，COW BOOKS「100 個基本」中能夠做到的，我們將繼續精進；不能做到的，則視為每天的目標，期許自己達陣。全部採自主性管理。當然，我們也會每天持續更新 COW BOOKS 的「100 個基本」。

100 Basics

Basic Notebook of COW BOOKS

學會讓客人開心的問候方式。

問候對每個人來說都是護身符，在店裡工作的
人尤其如此。重點是問候要能夠讓人開心。「您
好」、「歡迎光臨」等不是大聲說就好。你要
思考、反省、判斷、區分「對於每位客人來說，
最愉快的問候語是什麼？」讓我們以「擅長打
招呼」為目標，掌握時機和音量等重點，做到
100 次完美的問候。

001

與同事們一起練習打招呼、微笑。

每個人都會打招呼，所以才更加突顯打招呼的困難。找同事們一起練習吧！練習喊「歡迎光臨」、「謝謝光臨」以及微笑，彼此互相確認是否做對了。即使當事人自以為說得很清楚，如果有人聽不出來，就必須練習以口齒清晰的發音方式來說話，還必須注意是否會拉長「歡迎光臨」的尾音，如果有，就必須立刻矯正壞習慣。

002

無論何時何地，笑容都不可少。
露齒微笑吧。

微笑，能夠帶來和諧的氣氛，但僅限於「由衷的微笑」。你是否「皮笑肉不笑」呢？以為自己在笑，但旁人看來並非如此。接待客人時，請露齒微笑，展現真心的笑容吧！同事間互相確認微笑是否完美也很重要。讓同事對著你說：「你今天的笑容很棒哦！」真心微笑吧！

003

從早到晚都必須隨時
保持儀容整潔。

儀容是最基本的禮儀之一。只有早上保持乾淨
還不夠。為了確實保持整潔感，重點在於從早
到晚的頻頻確認。頭髮、臉、手、衣服、鞋子
等是否變得邋遢？有沒有讓人感到不舒服的地
方？一天之中必須經常檢查。唯有在鏡子前整
理好儀容，才能出現在客人面前。這是理所當
然的重要原則，切記切記！

004

早上一定要淋浴。

即使前一天晚上已經洗過澡，早上出門前仍然要淋浴。這是保持清潔的基本原則。早晨淋浴除了能夠整理睡亂的頭髮、睡著時的汗水、體味之外，也能夠洗去睡眼惺忪的表情，以及還未清醒的腦袋。只要有一位工作人員帶著剛起床的表情上班，店內氣氛就會變得沈重拖沓。你不可以把睡眼惺忪的起床模式，帶進即將展開嶄新一天的工作場合裡。

005

不可以留指甲。

保持手指乾淨。

收款找零、包裝、把商品遞交出去的動作中，
客人最常看到的，就是店員的手。更仔細來
說，第一眼看到的就是手指甲。指甲內藏污納
垢是非常不禮貌的，塗上指甲油又太醒目，會
讓人感到不舒服。應該隨時修剪指甲，保持乾
淨。女性不要留長指甲。男性也應該使用護手
霜保養手指。同事間互相確認指甲是否乾淨很
重要。

006

衣著自由。
但嚴禁穿髒衣服
與過度休閒的打扮。

「沒有制服，表示可以隨便穿」、「衣著是一種自我的表現」——如果你這麼想，就大錯特錯了。所謂自由的前提，是每個人都能夠管理好自己。我們必須學會判斷什麼樣的裝扮適合工作場合。不應該穿著短褲、涼鞋搭 T 恤這類休閒服飾上班，髒衣服更是不用說。無論男女都應該保持衣著乾淨、整齊、穿有領子的衣服。只要遵守這些原則，言行舉止就會跟著改變。

007

每個月剪一次頭髮。

任由頭髮散亂變長，將會影響儀容整潔。即使
紮成馬尾，幾個月不修剪，任由它生長，也不
是出社會工作的人該有的樣子。養成每個月一
定要剪一次頭髮的習慣吧！

008

透過同事互相提醒，
以確認工作方式。

無關前輩晚輩，「觀察彼此的工作方式，如果
發現有問題，明白告知當事人」——這是 COW
BOOKS 的規定。即使是再瑣碎的小事也不能忽
略；即使難以開口，還是必須講清楚、說明白。
指甲太髒、頭髮太長、工作方式沒有規矩、缺
乏幹勁等，只要同事間互相提醒，彼此都能夠
進步。尤其老手更需要新手的審慎把關。

009

絕不在客人面前聊天。

豈有工作時聊天的道理？即使是工作相關話題
也應該適可而止。無論發生任何事，都必須遵
守不在客人面前聊天的規定。聊天等於不把客
人放在眼中。只要有人在店裡，就應該將全副
心力集中在客人身上，觀察客人現在想要做什
麼，如果發現客人需要服務，即使對方沒有開
口，也要能夠趕緊上前。只要有心，在工作時，
你連一秒鐘不會想要聊天。

010

眼前的客人
比響起的電話更重要。

接待客人時如果電話響起，不可以冒然接起電話。即使店裡只有你一個人，如果跑去接電話而讓眼前的客人等待，未免不合情理。一邊講電話、一邊單手把零錢遞給客人等行為更是失禮至極。電話響起就讓它繼續響。如果嫌吵，可以把電話拿起來放旁邊，阻止電話繼續響。另外，工作時，理所當然不能把手機帶在身上。

011

對待書本要像對待寶石一樣，
小心翼翼擺放、觸摸、拿起。

只賣一百日圓的書也是寶。因為這些都是我們自己挑選、希望顧客會喜歡的書，當然要小心翼翼對待。放書方式、拿書方式，每個不經意的動作都必須小心，對待這些書就像對待珠寶一樣。如果無法以珍惜的態度對待書本，自然也無法誠實對待顧客。書不可以隨手亂放，更不可以隨意堆疊。「因為書，我們才有工作，才能夠賺錢」，必須心懷感恩，切記！

012

工作時，記得客人正看著我們。

一間店，對於在此工作的人們來說就像舞台，
而客人則是特地上門來的觀眾。你工作有多麼
努力？如何守護那些重要的事物？工作的目的
不只在於販賣商品，也是為了個人的學習與成
長。別忘了你的工作姿態，客人都看在眼裡。
抱持著「客人隨時在看著我們」的想法，自然
就會抬頭挺胸。

013

彎腰鞠躬。

別只動下巴和頭。

打招呼不能只是嘴巴上說說，還必須搭配微笑，以全副肢體來表現，這才是真正的打招呼。不是開口說句「歡迎光臨」就算了。晃動腦袋、高抬下巴這些舉動都不得體。要確實彎下腰，深深低頭鞠躬。每次鞠躬都滿懷感謝，以整個身體用心訴說，讓顧客感受到與其他書店不同的感覺。這些點點滴滴的累積是很重要的。

014

反應要明快，
回答要用心。

客人有意見或是同事間彼此接觸時，無論何時
都要大聲清楚地應答。我希望各位記住，答覆
必須讓對方聽到，而且回應要明快。此外，還
要用心思考「如何回答，才能夠讓對方感到開
心」。

015

隨時思考

上門來的客人需要什麼。

我們能夠給予來店的客人什麼？能否盡力將歡
樂帶給他們？讓所有客人以「真慶幸自己選了
這家書店」、「因為這樣，最近幾天的心情都
會很好」的喜悅的心情，將伴手禮帶回去。即
使客人最後什麼也沒買，也希望他們能夠心情
愉快地回家。客人開心，我們也開心，因為思
考「該怎麼做才能讓對方開心」，工作也會變
得有趣。

016

看不見的地方更需要徹底清掃。

多利用確認清單。

從早到晚都要打掃，有空的時候就打掃。總之，
隨時隨地都要打掃。看得見的地方可以一邊工
作一邊打掃；看不見的地方則要在開店前一個
小時，與關店後三十分鐘揮汗賣力打掃。我們
往往會忽略視線以外的地方，利用確認清單可
避免這種情況發生。每天花時間仔細清掃，直
到找不到任何髒污為止。這種努力也會形成一
種自信，因此，請用心打掃。

017

每次使用完廁所都要清潔。

隨時放下馬桶蓋。

每天都要思考如何做才能夠更乾淨。尤其是廁所，每次使用後都要清掃。客人使用完畢，就要進去打掃；工作人員使用完畢，在離開前要自己打掃。放下馬桶蓋是對下一位使用者的體貼，也是為了避免露出馬桶。用心打掃廁所，保持「永遠都是剛掃過」的狀態，這是本店的基本規定。

018

乾淨的地方，
還要打掃得更乾淨。

原本乾淨的地方要打掃得更乾淨，這是COW
BOOKS的原則。書架要擦拭到有光澤為止。不
鏽鋼櫃台會留下手印，所以要花點「這瓶清潔
劑應該可以去除油脂吧？」的心思挑選是很重
要的。每天仔細打掃就能夠提昇乾淨指數。讓
我們以最高品質當作目標，用心地打掃。就算
是沒人看到的內側也要清潔乾淨，我相信，店
裡的空氣也會因此而變得很清新。

019

經常整理櫃台與置物櫃。

書店不是自己家也不是你的房間，就連一個抽
屜，都是所有人共用的空間，不是私人專屬的，
所以應該隨時保持整齊乾淨，讓下一位愉快地
使用。店內絕不允許「個人獨創的整理法」或
「隨意收拾」。所有工作人員無論何時打開任
何一個櫃子，都應該知道裡面擺放了什麼。能
夠整理到這種程度是很重要的。若為了使用方
便而更動位置時，必須事先告知所有人。

020

經常清垃圾，不累積。

垃圾桶的用途是暫時「裝」垃圾，而不是用來「累積」垃圾。垃圾桶不應該裝滿垃圾更不應該等到「一天結束後再一起拿去倒掉」，而是只要有垃圾累積就要盡快處理。不對，應該說在開始累積之前就應該清掉。工作時，如果有休息喘口氣的空檔，就該把垃圾桶內的垃圾集中到垃圾袋。一個小動作就足以讓工作的心情更加愉快。

021

觀察顧客，
第一時間找出客人的需求。

接待客人要發揮心電感應力。當客人說出：「不
好意思，請問你們有沒有○○？」或「我想要
○○」之前，我們就要觀察到他們的需求。最
理想的狀態，是客人準備要開口前，你已經開
始動手尋找了。為此，我們必須經常細察客人。
即使對方沒有開口詢問，只要你專注觀察，一
定能夠知道他們的喜好。要擁有看穿客人心思
的超能力，工作時，你沒有時間發呆。

022

有客人在店時不能坐著，要站著。
以接待客人為優先。

　　這也是很重要的店規。櫃台裡雖然有椅子可供
坐下，但，只要店裡有一位客人在，我們就必
須站著，隨時待機行事，這是COW BOOKS的
基本規定。即使是坐著工作，例如：整理收據
等，也絕不允許。無論發生任何情況，都必須
以接待客人為第一優先。

023

經常洗手，保持乾淨。

洗手能夠讓人煥然一新。肥皂的泡沫與流動的
清水，洗淨的不只是雙手而已。工作有時會讓
人焦慮或厭煩，在某些日子裡讓人鬱悶。只要
洗手，就能夠洗去煩躁的心情。從早到晚經常
清洗雙手。只要見到有工作人員在發呆或一臉
想睡的表情時，快叫他們「去洗手」吧！

024

不和客人裝熟。

即使見過好幾次面，瞭解彼此的脾性，仍不應
該與客人稱兄道弟交朋友。哪怕是年紀相近、
屬於同一世代，很容易成為朋友，也不可以和
客人裝熟。對客人說話時一定要用敬語，隨時
注意禮貌，將「關係親密」與「成為朋友」之
間以一線相隔，絕不跨越，這才是專業人士應
有的姿態。

025

除了「謝謝光臨」，
還要多加一句貼心的話語。

送客人離開時，只說「謝謝光臨」是不夠的，再多說句話吧。例如：「感謝您遠道而來」、「希望還有機會為您服務」、「外面下雨了，請小心慢走」等諸如此類。這些不是寫在員工手冊上的內容，而是發自內心的體貼提醒。隨時思考如何向每一位客人道謝，傳達「我沒有忽視您，我明白您是重要的客人」的心意。

026

稱讚客人的優點，
讓他們開心。

隨時將「找出對方的優點」這件事放在心上。
稱讚客人的優點，也可視為找出他人優點的訓
練，包括：穿著、配件、髮型，甚至是氣質都
可以。只要稱讚一句「您今天看來神采奕奕」，
客人一定會很高興。無論從事什麼行業，讓顧
客開心都是重要的工作。

027

凡事都要提早十五分鐘。

書店如果中午十二點開門營業的話，早上十一點就必須開始工作，因為開門前一個小時要打掃。但如果只是準時十一點抵達店裡，也不可能十一點便開始打掃，因此，必須提早十五分鐘抵達，才能準時開始工作。如果上午十點開會，也要提早十五分鐘到店。無論做什麼事都要提早十五分鐘，即使前一件事的結束時間延後了，也不會因為遲到而影響到後半段的工作。

028

不要發出影響顧客情緒的聲音。

店裡無論任何情況都不應該發出讓客人感到不愉快的聲音，例如：放置重物時的咚聲、捆綁貨物時的拉膠帶聲等。「我們要工作，真的沒辦法」這種藉口是行不通的。只要有一位顧客在，就應該要避免發出聲響。會發出聲音的工作要選在沒有客人的時候，或是在沒人會聽見的後院進行。

029

注意體味。

常保店內空氣清新。

對於體味的容忍標準不一，所以更應該留心。
每個人的體味不同，有些人天生體味較濃烈，
但也不能把一切歸咎於「體質」而不去想辦法
解決。必須採取最完善的做法，避免散發體臭。
多數人不曉得自己有體臭，因此，同事間更要
學會直接說出：「你的頭好臭」、「你身上好臭，
快去處理一下吧」。這些話或許傷人，但更重
要的是，能在工作時不顯失禮，這才是身為社
會人的責任。

030

注意口腔清潔。
飯後要記得刷牙。

吃完飯請務必要刷牙。如果不是剛吃完飯卻覺
得口中有異味，同事之間最好互相提醒：「你
也許該去刷個牙」。當事人往往不會注意到自
己有口臭，所以互相提醒也是善意的舉動。在
喝過酒的隔天或身體不適時，也會有口臭。並
不需要擔心不好意思開口，以一般的方式相互
告知、提醒即可，當事人也會以「對不起，我
馬上去刷牙」來回應的。

031

創造過去不曾存在的事物。

凝想什麼是過去不存在的說話方式、服務、手段等，這是很重要的。當然也不能忘了普遍性的做法。以這種方式創造出全新的「理所當然」，並且跳脫「過去一直都是這樣做」、「一般是這樣做」的既定觀念，所激盪出來的點子，才有挑戰的價值。而過程中不斷發生的失敗，更是珍貴的寶物。

032

明確列出兩個月後的預定事項，
並努力為此做準備。

每天要執行的就是「今天的工作」與「為兩個月後的工作做準備」，如此周而復始地反覆著。當有人問你：「為了兩個月後的預定，現在應該做些什麼呢？」你就應該能夠清楚地回應。辦活動、推企劃案、學習新工作，這些都無法在一個月以內完成，提早三個月開始準備又不免太耗時，因此，兩個月的準備期是最合理的。「用心完成今天的任務，更別忘了未來的工作」這也是我們的店規之一。

033

隨時打掃乾淨，
避免弄髒客人的手。

店內的二手書一定要保持乾淨，這是 COW
BOOKS 最重要的店規。與保持店面乾淨的道理
是一樣的，書本的封面和內頁也要隨時保持乾
淨。客人因為興趣而取下書籍閱讀，若離開書
店時，因雙手的觸摸而讓書變髒，可是非常傷
腦筋的事。無論那本書有多麼珍貴，或是大家
都想相爭擁有，我堅持不賣髒兮兮的書。請務
必貫徹這項原則！

034

絕不從正在瀏覽書架的
客人面前橫越。

這是絕對要遵守的店規。「店面太小，沒辦法」一切都只是藉口。客人在書店裡瀏覽書架上的書籍，工作人員卻從其面前經過，肯定會讓客人感到不悅。沒有什麼事能急切到需要這麼做。

035

不販賣有寫上字的書、
黏答答的書、有菸味的書。

即使再珍貴罕見，凡是有塗鴉或寫了字的書、摸起來黏答答的書，COW BOOKS 絕對不販售。還有另一種經常被忽略的，就是有菸味的書，這樣的書也不少，但我們店裡絕對不賣。無論任何原因都堅持拒絕收購、販賣這些書籍。

036

思考並擁有未來想要達成的
個人目標、夢想。

我十分驚訝當多數人聽到「你的夢想是什麼？」
的問題時，居然會回答不出來，真叫人難以置
信。一起懷抱夢想，「希望將來能夠變成○○」
吧！如此好好地思考自己的方向。把工作當作
實現自我夢想與個人目標的過程，並與同事暢
談「我的夢想是……」。無論夢想有多渺小，
擁有夢想的人與沒有夢想的人，工作方式全然
不同。

037

工作的目的不是賣書，
而是要讓顧客開心。

「不要去想應該怎麼做才能夠把商品賣掉，而
是思考該怎麼做才能夠讓客人開心」——這是
放諸所有工作皆準的法則。如果只將賣東西當
成目的，是不會感到喜悅的。只想著「我要賣
掉、我要賣掉」，結果反而什麼也賣不掉。更
重要的應該是如何讓客人高興。任何能讓客人
感到開心，才是值得去努力的事。最後，自然
會指引你邁向成功，客人也會主動選擇並購買
商品，且不會只選購一次，而是會持續地光顧。

038

自我責任。

自我開示。

自我檢討。

不受制於規矩、自由自在工作，也代表著責任
必須全部自己擔負。主動公開所有好和壞的資
訊，確認自己的存在方式，問題一旦發生即當
場解決。將這三點銘記於心，以面對每天的工
作，這就是獨立。

039

店內溫度要配合顧客
而非工作人員。

店內空調的溫度應該配合顧客而非工作人員。
別拿自己的感受當作判斷的依據。工作人員一
直待在店裡，冬天開暖氣時會覺得熱，夏天開
冷氣時覺得冷，但你不應該調整溫度。剛進門
的客人會感受到店外的寒冷或酷熱，能夠讓他
們一進入店內就感受到最舒適的溫度，那才是
真正的「理想溫度」。冬天溫暖，夏天涼爽。
比起工作人員的舒適，更應該以客人的舒適為
優先才是。

040

以謙虛的態度

向客人請教書本的知識。

只要客人沒有開口請教，就別主動說明商品，也不要覺得既然在書店工作就應該懂書。比起懂書，我更希望與一心想讓顧客開心的人一起工作，前提是，你應該要抱持著「客人的知識更豐富」的心態。對客人來說，能有機會表達意見是值得高興的事。即使擁有知識，店員也不可洋洋得意。我希望COW BOOKS成為「能夠謙虛地聆聽顧客談書，而非強迫顧客聽書的書店」。

041

工作時，記得隨時保持
坦率和新鮮感。

每當聆聽到顧客說話後，就懷疑地反問：「但是⋯」、「真的假的？」這不是一個工作該有的態度。凡事質疑、藉口一大堆的人，即使沒有惡意也無法讓人相處愉快。每天都要帶著坦率與新鮮感工作，即使你覺得不對也要全部接納。一個人要能夠坦率，最重要的是保持新鮮感。即使已經十年，仍要以「今天第一天上班」的心情來面對工作上的一切。

042

經常思考工作方式、店面及其
他一切有沒有嶄新的點子。

新的事物很有趣。花心思很有趣。增加變化很有趣，也能夠帶來成長。相反地，一直採取同樣的工作方式，只會變得像是在進行無意義的修行一樣辛苦。工作方式、店面外觀、工作環境，每天都要思考、改變，讓一切看來都像是新的。我們開會到最後總會問到：「這種的做法夠新穎嗎？」永遠不忘尋找並挑戰全新的做法、全新的想法、全新的巧思。

043

保持敏銳。

對於任何事都要有反應。

避免冷漠、無視。

一起鍛鍊反射神經吧！無論遇到任何事都能夠
立刻注意並做出反應。隨時保持敏銳，就不會
變得冷漠。對於顧客固然如此，同事之間更需
要彼此關心。故意無視等行為是不可以發生
的。必須練就到即使店外的雨傘倒下來，也能
留意到的感性。訓練自己的反射神經能夠應付
三百六十度全方位的突發狀況，而不僅限於眼
前的事。若敏銳程度還不足以讓你看到背後發
生的事，就稱不上是COW BOOKS的好員工。

044

敬重對手，遵守應有的禮節。

門市工作上有許多與人溝通交流的機會，例如：問候、電話、書信等。COW BOOKS的規定是遵守應有的禮節，隨時保持細心謹慎，意思就是尊敬對手。凡事不宜敷衍了事。請託、洽詢、回答、道歉，全部都要以書信的方式來進行。寫過的書信全部影印備份存檔。如此一來，即使寫信的人不在，其他人仍然能夠隨時對應。此外，同事間也可透過這種方式，來確認彼此是否遵守應有的禮節。

045

在書店以外的場所，也要有身
為COW BOOKS店員的自覺。

非工作時間外出用餐或和朋友出去玩無可厚非。
享受私人時光是一件好事。但我們不能忘了「自
己是 COW BOOKS 的人」。即使你認為「別人
又不認識我」，但你總會在某處被某人看見。
無視紅綠燈或喝醉酒，很可能讓喜愛我們書店
的客人失望，也會給一起工作的同事添麻煩。

046

在意的地方每天多打掃幾次。

我甚至認為一整天時間都花在打掃上也沒問題。每位工作人員隨身攜帶除塵布，只要看到不順眼的地方就馬上拿出來擦拭。當早上打掃時沒注意到的污垢，在白天光線下顯露出來時，請馬上動手擦拭乾淨。雖然店裡有客人在，但我相信，沒有人會因為看到店員細心打掃而感到不舒服。打掃的姿態比站在原地發呆，更能讓人感受到那股努力不懈的精神。你也能夠因此解除與客人獨自待在店裡的尷尬。

047

主動找事做，
任由汗水淋漓而不懈怠。

COW BOOKS 店內只有一位工作人員顧店。沒有其他人緊盯，更應該自己找事做，毫不懈怠，這是基本的道理。再加上店內氣氛不同，即使不用人盯著，也知道你工作的模樣；努力的人熱衷工作，反射神經很好，手腳俐落勤快。相反地，老是發呆的人無心工作，反射神經遲鈍，光聽聲音也知道正在偷懶。

048

隨時保持舉手投足優雅謹慎。

走路方式、拿東西的手式、坐在電車上的姿
態、按下電梯按鈕的動作，時時記住「有人正
在看」，並思考「怎麼做看起來才會更好看」，
這點很重要。優雅謹慎的舉止也會影響工作是
否全面兼顧。在書店工作最好像是學茶道一樣。
讓我們持續練習並每天保持優雅的禮儀吧！

049

隨時界定今天的目標、本週
的目標、本月的目標、兩個
月後的計畫。

一一列出「今天的目標」、「本週的目標」、「本月的目標」、「兩個月後的計畫」並予以公開。這是 COW BOOKS 看似最簡單，實則最困難的店規。原因在於所謂的目標，只要一直持續下去，就能夠養成習慣。所以開會時，互相檢查「那是新計畫嗎？」、談談「每個月的目標都相同，怎麼可能進步？」這種往來方式或許看似嚴苛，但正因為你能夠為了目的而忍受這些，我們才能夠一起工作。

050

務必在目標進行到一半時
確認狀況。

沒有確認事情進行的狀況，是無法成功的。過
程中，若不去追究還剩下百分之多少尚未完成，
一定無法順利執行到最後的。所以，當每個人
公佈自己本週的目標後，同事之間就必須互相
確認「目前已經完成了多少」。

051

無論什麼工作都以兩人一組的
方式進行。一人擔任主要執行
人，另一人則是次要執行人。

商品開發、網站經營、資金管理、清掃等，囊括範圍廣泛的企劃案，原則上應該採用主要與次要執行人，以兩人一組的形式進行。若是一個人的話，光是自我管理就忙不完，如果出現「這個案子只有他知道，只有他能處理」更是大禁忌。所有人都應該要瞭解、共享、管理好COW BOOKS。因此，必須採取兩人一組的工作模式。

052

每天一定要摸摸書架上的書。

說來不可思議，不過這是真的。摸過的書會散發出商品的光輝，吸引客人出手買下。相反地，只要一個禮拜沒有觸摸這些書，書就會喪失光芒而死去。要摸遍中目黑門市的 2500 冊、青山門市的 1000 冊書真的很辛苦。儘管如此，就算是擺在邊緣或角落的書，每天仍要摸過一次，和書打招呼：「你好嗎？今天要再麻煩你了」，把書當作是夥伴。

053

習慣一項工作之後，
要進一步挑戰提高品質。

一旦學會並習慣工作後，我們總會覺得「這樣就可以了」。這是工作的陷阱。為了避免落入陷阱，我們應該挑戰提高工作品質。無論打掃或待客，這些已經會的工作內容並不是終點。「該怎麼做才能比現在更好？」「該怎麼做才能更加精進？」不斷地挑戰才能夠帶來更卓越的目標。這麼一想，就會發現你根本沒有時間閒晃。

054

記住時間投資的觀念。

把時間當作金錢一樣思考。你應該思索對待時間是否過於浪費，或會有用過即丟之嫌。我們應該想出更有效的使用方式。該休息的時候確實休息。考量這種應用的方法能夠獲得些什麼。靈活運用時間能夠帶來更多金錢，有了更多金錢，便能夠製造出更多時間。

055

關心所有工作，如：其他工
作人員的職務內容等。

除了自己的工作之外，也要關心其他同事的工作內容，瞭解其他人目前正在進行的項目。只要你有同事，就不能只擔心自己的任務。隨時與人溝通，主動聊起正在執行的職務內容。只要你主動開口，對方也會說明他的工作狀況。「聽起來很辛苦。如果有需要的話，我可以幫忙。」般的互相關心，互助之心就會油然產生。

056

如何能夠變得更好？

思考、下功夫、實踐。

想想「該怎麼做才能夠變得更好？」這是任何工作都不能缺少的原則。為了變得更好，唯一辦法就是下功夫讓未來比現在更新穎。人人都能做到思考和下功夫，但接下來的實踐真的很困難。欲改變原本學會的做法、改變習慣是需要勇氣的。進入實踐階段才能夠累積經驗，有了經驗才能夠變成自己本身的資訊。因此，一起增加你獨有的資訊吧！

057

盡力讓顧客喜歡光顧
COW BOOKS。

我們必須不斷思考：「怎麼做，才能夠讓客人覺得來到這家店真好？」一有想法就將它化為行動，在思考和行動上用盡全力。聽到客人說：「來到這裡能夠讓人平心靜氣，一不小心就待上幾個小時。」就是最棒的讚美。店裡給人的感受因人而異。有些人喜歡和人聊天，有些人想要獨自找書，最理想的做法，就是以符合每個人需求的舒適程度來接待每位顧客。

058

不急於追求結果。

別試著想要一步登天，每件事都需要花費等值
的時間。這個道理就和做菜一樣，匆忙做出來
的東西與花時間料理的菜餚完全大相逕庭。前
進一步，退後兩步，這也是一種走路方式。工
作上還有其他同事，體諒對方並給予時間也很
重要。別忘了一句話：「欲速則不達」。

059

上工前先擬定「今天的計
畫」、「今天的挑戰」。

在開始一天的工作之前，先擬定好「今天的計畫、今天的挑戰」。寫在紙上與大家共同分享，也是不退縮的祕訣。同事們互相告知：「幾點鐘開始到幾點鐘，這個人要做什麼，今天要挑戰什麼」，可以選擇自己目前還辦不到的事。無論一件或兩件，只要擁有全新的挑戰，今天就是無可取代的一天。

060

一天進行一項全新挑戰，
並確認成果如何。

一天結束時，必須確認今天開始工作前所擬定的「今日挑戰」是否實踐。如此一來，你就非得實踐不可。實踐比起「這麼做吧」的想法更困難。只想出點子就覺得自己已經辦到完全是本末倒置。自我檢驗才是自我管理的原則。

061

無論多忙，
都不該帶著壞心情工作。

每個人都有自己的處境，例如：身體、心情、私生活等各種問題。太忙而沒有餘力是很正常的，但也僅止於此。無論心情有多糟糕，都不可以把情緒帶到工作上，影響同事之間的溝通與店內的氣氛。「無論發生什麼狀況，都要注意不能心情不好」，這是很重要的原則。

062

客人購買的商品要用雙手遞上。

對待書本要像對待珠寶一樣，顧客購買的書更是如此。必須恭敬對待，以雙手將商品交給客人。不可以單手遞交或是隨意擺在櫃台上。

063

要向選在天候惡劣日子
上門的顧客道謝。

我們尤其要對選在雨天、刮風的日子、下雪天，
還有酷熱難耐的豔陽天上門光顧的客人道謝：
「感謝您今天的光臨」。天氣會影響到顧客來
店的意願。如果沒有這些願意上門的客人，當
天或許就沒有半點營業收入。只要這麼一想，
自然就會湧現感恩的心情。

064

店內定期大掃除。

即使每天都有打掃，每個月還是要進行一次大掃除。奇妙的是，這種時候往往還是能找到髒污。大掃除能夠讓我們煥然一新。或許你覺得麻煩，只要咬牙持續打掃，就能逐漸感受到「幸好自己動手做了」的成就感。這種成就感平常很難得到，對於工作來說也相當重要。透過大掃除的過程，建立能夠體驗成就感的機制吧！

065

同事互相確認「今天的儀容」。

「今天的儀容是否從頭頂到指甲都沒問題？」
除了自我檢查外，每天早上也別忘了和同事互
相確認。看看彼此的指甲、確認是否有體臭、
儀容是否無恙。只要有必要就應該互相提醒。

066

無論發生任何狀況，聯絡簿都
應該以簡單易懂的字體寫清楚。

這件事是我獨自工作時的感想，也是我希望每位工作人員能夠謹記在心的原則。COW BOOKS 習慣將業務聯繫全都寫在「聯絡簿」上。寫下來當然簡單，但寫的時候必須聯想到是給其他人看的內容，因此，應該要以容易辨識的字體簡單明瞭地寫出重點。手寫字也是溝通的一環。無論是漂亮的字或難看的字，一看就能明瞭書寫當下的心情是細膩或隨便。

067

不嘆氣，不發呆，不打哈欠。

這些事情是理所當然的，因此，必須列入《COW BOOKS 的 100 個基本》。既然是重要店規，更應該寫成文字，不應該含糊行事。忽略理所當然的事情會枉費在其他方面的努力。

068

會議中討論的新提案、新點子，
立刻付諸行動。

會議的重點不是參加，而是參加之前的準備。
所有人紛紛提出各種點子、提案、巧思。如果
當中有不錯的想法，就應該馬上付諸實踐。只
要有這類會議，所有人都必須事先準備，否則
不敢出席。即使沒有開會，隨時做好能夠提案
的準備也是基本店規。

069

無論大小會議，都要寫會議紀錄，並讓所有工作人員傳閱。

大型會議不用說，小型會議也務必要做會議紀錄。即使只是五分鐘的會議，也可能做出許多決定，或是事後遇上「我們曾經做出這種決定嗎？」的困擾也很麻煩。因此，只要有開會，就一定要把紀錄留在紙稿上，讓所有人員共享結論。會議紀錄當然是用手寫，固然辛苦，但久了就會習慣，還能讓彼此的交流更密切。

070

思考如何讓顧客感到舒適，
願意長時間待在店裡。

為了讓客人感到舒適且願意長時間待在店裡，我們應該做些什麼事呢？舒適，是一間店的資產。工作人員細微的體貼，就能夠打造出舒適的環境。所有的店員都應該隨時思考：「如果我是客人，什麼樣的店會讓我感到舒適？」。

071

務必遵守約定。

若無法遵守時，一定要盡早告知。

工作是由各種約定所構成。約定務必要遵守，這是再基本不過的原則。當然，有時也會遇到想盡辦法仍無法遵行的狀況，這時就應該要盡早聯絡。當無法遵守約定時，至少要立刻報告，這應該是能夠辦到的事吧！例如：「依目前的狀況看來，恐怕無法達成約定，不過，我仍會繼續進行」、「雖然這次沒辦法，但下個月我們可以這樣做」。絕不可以讓時限緊迫到最後一秒，才由對方主動提問：「到底那件事情進行得如何了？」。

072

凡事運用想像力來仔細思考。

讓想像力馳騁是菁英的工作法則。任何事都要
有發揮想像力的空間。所有工作均可憑藉想像
力來思考眼前事物的未來。想像時，必須同時
兼顧最惡劣的情況與最完美的情況。

073

絕不怠於聯絡、報告、諮商。

這些步驟固然簡單，但沒有養成習慣是很危險的。只要哪一天，聯絡、報告、諮商其中一個步驟沒有做到的話，就會打亂整體的步調，還必須花費一番功夫才能夠恢復原狀。只要有一個人有一次忘了報告，就會降低COW BOOKS的整體品質。請千萬要記住，這就和馬拉松一樣，必須每天確實執行，持之以恆。

074

時常確認預算狀況，
懂得臨機應變。

我們的工作不是賣東西，而是讓顧客開心。但
如果無法賺錢的話，書店也沒有辦法維持下去，
如此一來，就不能使顧客盡興。工作人員應該
隨時掌握營業狀況，不能順其自然，必須學著
瞭解現金流向。若未能達到目標營業額，就該
盡早採取措施，晚一步只會更辛苦。如果禮拜
三發現每週目標營業額只達到三分之一，就應
該想想其他方法，讓客人開心。

075

無論發生任何事
都嚴禁事後才報告。

無論任何情況，事後報告都是禁忌。發生意想不到的意外也是不可避免，但我們應該在主管問起之前主動報告。這項店規一定要徹底執行。

076

每天替櫥窗加點變化。

昨天的嶄新與今天的嶄新不同。每次聽到客人
對我們說：「無論何時光臨 COW BOOKS，都
能感受到嶄新的一面，也能察覺到些許的變化」
這是最值得高興的一件事了。一起打造全新的
每一天吧！以「今天是否是新的？」為標準，
每天早上更換櫥窗。即使是同樣的商品，只要
改變排列方式，就會替書店帶來新意。趁著打
掃時小幅移動。只要事先計畫，提早三十分鐘
上班，就來得及改變。當營業額無法成長時，
這一招很有效。

077

用心打造吸引路人目光的櫥
窗展示。視線高度也要列入
考慮。

櫥窗陳列要用心設計，讓人即使不買，光是看也會怦然心動。讓人心動不已的重點就是「簡單易看」。尤其要注意視線的高度。配合客人的視線高度，擺上最希望被客人注視到的書。這是怦然心動的基本原則。個子嬌小的工作人員、身材較高的工作人員，往往都會配合自己的視線高度陳列，但唯有顧客的視線高度才是標準。

078

體貼工作人員、顧客、其他人，
以及眼睛能看見的所有人。

關注所有事物，遠離冷漠，如此一來，你就會察覺到變化。注意到變化之後，就會產生體貼之心。所謂體貼，就是瞭解對方在想什麼、有什麼感受。將這些當成是工作的糧食吧！對書店、工作人員、顧客、書店四周的人們、路人、所有人、眼睛所見的一景一物，全部都抱持體貼之心。

079

工作上常保率先出手的優勢。

從準備階段就要用心。

我認為這一點可套用在所有的工作。工作必須
經常保持優勢，避免殿後。只要有可能，就必
須盡量用心準備及規劃。無論任何事，先出手
絕對比較有利。多數工作在準備階段便結束了。
只要貫徹準備及規劃就能夠游刃有餘，剩下的
就只是順其自然。發揮想像力也是能率先出手
的重點。

080

同僚之間要經常互相確認進度。

大家都有各自負責的企劃案。請互相確認彼此
的業務進度吧！為免有人的企劃案最後落得失
敗收場，應該要用心彼此支援。這就是人性，
沒有彼此交互確認就無法往前進。即使你沒有
混水摸魚，難免還是會想要掩飾辦不到的事。
最重要的是互相詢問：「你現在情況如何？」
適時出手相助，也適時接受他人的幫忙，好讓
事情能夠順利進行下去。

081

為了健康，就要用心規律生活。
健康管理是最重要的工作。

工作上應該優先注意的就是健康管理。沒有「生病非我所願」這種事，我們必須學著反省是否「疏忽了健康管理」。堂堂一個成年人，發燒請假是很丟臉的，發燒之前一定會有徵兆，應該在那時就該動手處理才是。流行性感冒也是如此，只要規律生活、勤洗手、漱口就能夠預防。懂得「請假會給大家添麻煩」的道理，就能明白健康管理有多麼重要了。

082

工具與備用品絕不浪費使用。
用心節約。

文具、垃圾袋、紙張、清掃工具等庫存不應該
浪費，必須試想有沒有節約使用的方法。隨時
找大家討論「怎麼做才能夠減少浪費」。單面
影印的廢紙背面還可以當便條紙。經常遺失的
筆也是因為數量太多才會弄丟。如果一開始筆
筒裡只擺兩支筆的話，大家就會更加珍惜。打
掃用的抹布只要確實清洗乾淨，就能夠延長使
用的壽命。

083

努力讓客人記住自己。

一心只想要賣出東西，結果往往是賣不掉的。
首先要先讓客人瞭解自己。從「把自己推銷出
去」開始做起。當客人瞭解自己後，就會產生
信任。有了信任，才能夠進入下一個商品說明
的階段。店員在銷售時，常毫無預警地問：「您
覺得這個怎麼樣呢？」其實在此之前，應該先
與顧客交流，並加深關係。

084

絕不在店內飲食。

經常有人一不小心就這麼做了，但這樣的行為
應該要被禁止。在工作場合飲食，在自己的辦
公桌前喝咖啡、吃麵包，實在是太不像話了，
就連吃零食也是不被准許的。一手拿著飲料一
邊工作更是不能被認可。書店，單純就是個工
作的地方而已。

085

同事間要彼此幫忙。
隨時做好互助的準備。

世界上沒有容易的工作。每個人都有各自要忙的事，大家都很辛苦。正因為如此，一起工作的同事更應該學著關心、觀察、事先釐清現在的狀況。幾乎沒有什麼工作是一個人就能夠完成的，我們總會需要某些援助。先幫幫其他人吧！總有一天，自己也會需要他人的協助。

086

與其在意營業額，應該更重視
「利潤」、「成本」、「績效」。

一談到「要辦活動」時，例如：博覽會、座談、新企劃等，如果「能夠獲利多少」這問題無法讓所有人眼睛一亮的話，就表示這個點子不可行。提高營業額是很簡單的，但成本過高或績效太差而無法獲利，那就沒有意義了。我們應該以獲利而不是營業額為目標，免得發生「流了那麼多汗水、工作那麼久，卻沒有獲利，反而嚴重虧損」的結果。

087

凡事不能私有化。
别忘了懂得分享。

你是否誤以為工作場所裡的東西就是自己的？
垃圾桶、筆記本、鉛筆，就連釘書機裡的一根
針，這些其實都不屬於你的，而是公司的財產，
是工作上共用的東西，絕不允許任意妄為。工
作場所、桌椅也是如此。「你的座位」是「借
給你使用的座位」，請記住這點，才能夠衍生
出感恩之心。

088

「COW BOOKS本日推薦」
的陳列應該一眼就明瞭。

「COW BOOKS本日推薦」應展示在最醒目的
地方。「本日推薦」表示每天都會更換。這些
就是最推薦、最希望讀者瞭解、最能夠表現愉
悅與歡樂的商品。與客人視線等高的位置就是
最佳展示區，就在那裡展示本日推薦商品吧！

089

委託、道歉、道謝不能用
電子郵件，應該以手寫信
寄出。

舉凡委託、道歉、致謝，都要用親筆信函，這
是 COW BOOKS 的風格。COW BOOKS 也以這
種方式向社會、照顧的人們表達敬意。動筆時
心繫對方，稍微花點時間書寫，我認為這才是
禮貌。寫信時態度嚴謹，使用隨處可見的信紙
與原子筆即可。若使用鋼筆，會有點瞧不起人，
而且太過誇張，就像把重物交給對方一樣，反
而顯得失禮，最好能避免。

090

對顧客說話時，應該使用
優雅的詞彙。

工作人員使用一般的詞彙說話會像是在聊天。
無論關係多親密，工作時都應該使用敬語，也
不可以用綽號或暱稱，這兩點必須確實做到。
對客人說話理所當然要使用優雅的詞彙。養成
習慣思考：「怎麼說才算得上優雅？」。

091

每個角落仔細看過後，站到
較遠的地方再看一次，以這
種方式檢視整體。

看待事物的角度沒有改變，所看見的事物也不
會改變。如果要檢視店內，應該偶而湊近一點，
看看是否有髒污？是否有損毀？把臉湊近、用
手觸摸、仔細檢查。有些事物太靠近反而看不
見，偶而也要站遠一點，掌握整體，才能夠看
出不對勁的地方。放大鏡和望遠鏡兩種觀察角
度，對於生活各方面來說都很重要。

092

金錢往來尤其要用心。

有些人收錢、找錢總是很隨便。找零時，雖然
不是用丟的，卻會在櫃台上發出很大的聲響，
這些態度都不應該存在。錢不是我們的，只是
暫放在我們這裡。找錢給客人時，不可以用髒
兮兮的鈔票。收銀機裡的鈔票要朝著同一個方
向擺好。千元鈔票送去銀行存之前，要每十張
一捆的放入保險箱收好。這種謹慎的態度能夠
影響書店的氣氛。對待金錢應該小心翼翼。

093

保持攻擊與防守的平衡。

工作時，必須保持攻擊與防守的平衡。善用自
己的點子逐步進攻固然是好事，但，應該防守
時卻疏忽的話，會造成什麼事都辦不成。只專
注在攻擊上，往往會忽略應有的防守，必須要
小心。現在應該攻擊什麼？此刻應該防守什麼？
先釐清這些問題吧！

094

負責打烊的人應該替隔天的
工作人員著想，將一切都收
拾乾淨。

COW BOOKS的工作人員很少，負責打烊的人只有一名。此人必須將店內整理乾淨，讓隔天早上開店的同事忍不住想要向他道謝的程度。即使再累，也不可以放任東西亂放不整理就下班。不能讓隔天早班的店員從收拾前一天的爛攤子開始工作。丟掉垃圾、整理收拾、預先做好立刻就能開工的準備，這種態度很重要。

095

絕不以「原本打算」
做為藉口。

沒有人會蓄意犯錯，也沒有人喜歡自找麻煩。
儘管如此，我還是無法接受「我不是故意要這
樣」、「我沒有打算要這麼做」等藉口。「原
本打算」是你自己的問題，讓一起工作的同事
共同承擔後果實在不合理。大家都能理解沒有
人會故意犯錯，因此，在第一時間就應該坦然
道歉。

096

隨時思考自己的不足、
哪裡沒做好。

今日挑戰、本週挑戰等目標，並非靈機一動的
新想法，平常就應該思考：「我在工作上還有
哪些不足？哪些事情做不到？」如此一來，當
被問道：「你的目標是什麼呢？」時，瞬間就
能立刻回答。瞭解自己的不足，等於客觀審視
自己、充分瞭解自己。被指責之前就注意到「我
必須留意這點」才是真正厲害的人。

097

不做損傷書的事，
不做會損傷書的陳列。

COW BOOKS 擁有的，都是經歷過幾十年的保護，基於某些緣份而來到這裡的二手書。最令人傷心的，莫過於這些書在遇到下一位主人之前就被損毀了。紙本書很容易因為一些小疏忽而受傷。直立陳列雖然一目了然，卻也容易讓書變形。如果把書塞滿書櫃，連容納一根手指的空間都沒有的話，用力抽出也會弄壞書本。必須事先設想好：「假如這樣擺放，客人會怎麼拿起這本書？」

098

凡事都應該保持

「理性」、「感性」、「意志」

的平衡。

所有工作都需憑藉著理性、感性及意志在運
作。努力避免規律性的反覆是很重要的。工作
十年後，你就會了解「一年當中的這個時期，
要做這件事」，卻也難免就會出現「照著去年
的做法也不要緊」的想法。問題是，老是做同
一件事是不會進步的。哪怕是一件也好、兩件
也罷，試著挑戰看看，嘗試沒有教科書般的指
引，會有多麼緊張！

099

隨時思考如何讓自己以外
的人開心。

想想客人、一起工作的工作人員、在地居民等自己以外的人，能夠多麼開心；透過工作，我們能夠為社會做些什麼？如此一來，才能拓展工作。讓所有人開心，最後自己也開心，這樣的順序剛剛好。如果凡事以自己開心為優先的話，目標太渺小，無法提昇動力。從結果來看，自然也無法成就一番好作為。

100

打造你的「100 個基本」?

什麼事情都可以,只要覺得好的,就寫下來。這些內容不是寫給其他人看,所以不用覺得難為情。試著將想法化為文字,即使是瑣碎的小事或靈光乍現都無妨,總之,試著把它書寫出來吧!

不用想要一次完成,試著搜尋腦袋和心靈的角落,按照自己的想法將輪廓描繪出來。最重要的是,不需在意 100 這個數字。寫不到 100 則,或是超過 100 則都不要緊。

書寫出來後,盡量每天都能閱讀一次,再按照自己的感覺修改或增減。一天一次,自然就會下意識地針對這些內容動腦思考。多試幾次,便能夠逐漸看出屬於自己的「100 個基本」。不間斷地寫上新的想法,刪除錯誤,或試著改變用字遣詞。

「100 個基本」是你我都能創造的人生護身符,隨時隨地都請務必動手寫看看。

100 Basics

Basic Notebook of Me

001

002

003

004

005

006

007

008

009

010

011

012

013

014

015

016

017

018

019

020

021

022

023

024

025

026

027

028

029

030

031

032

033

034

035

036

037

038

039

040

041

042

043

044

045

046

047

048

049

050

051

052

053

054

055

056

057

058

059

060

061

062

063

064

065

066

067

068

069

070

071

072

073

074

075

076

077

078

079

080

081

082

083

084

085

086

087

088

089

090

091

092

093

094

095

096

097

098

099

100

《原書 STAFF》

裝幀 櫻井久（櫻井事務所）

攝影 松浦彌太郎

執編 青木由美子

松浦彌太郎の100個基本

作　者｜松浦彌太郎 Matsuura Yataro
譯　者｜黃薇嬪 Weipyn Huang

責任編輯｜許世璇 Kylie Hsu
責任行銷｜朱韻淑 Vina Ju
封面設計｜許晉維 Jin We Hsu
版面構成｜譚思敏 Emma Tan
校　　對｜葉怡慧 Carol Yeh

發 行 人｜林隆奮 Frank Lin
社　　長｜蘇國林 Green Su

總 編 輯｜葉怡慧 Carol Yeh
日文主編｜許世璇 Kylie Hsu
行銷主任｜朱韻淑 Vina Ju
業務處長｜吳宗庭 Tim Wu
業務主任｜蘇倍生 Benson Su
業務專員｜鍾依娟 Irina Chung
業務秘書｜陳曉琪 Angel Chen、莊皓雯 Gia Chuang

發行公司｜悅知文化　精誠資訊股份有限公司
訂購專線｜(02) 2719-8811　　訂購傳真｜(02) 2719-7980
專屬網址｜http://www.delightpress.com.tw　　悅知客服｜cs@delightpress.com.tw
ISBN：978-626-7288-70-2
建議售價｜新台幣290元　　三版一刷｜2023年08月

國家圖書館出版品預行編目資料

松浦彌太郎の100個基本／松浦彌太郎
著．黃薇嬪 譯. -- 三版. -- 臺北市：悅知
文化 精誠資訊股份有限公司, 2023.08
　　面；　公分
ISBN 978-626-7288-70-2 (平裝)
1.CST: 修身 2.CST: 生活指導

192.1　　　　　　　　　　1120135500

建議分類｜心靈勵志‧自我成長

──譯者簡介──

黃薇嬪

從《最糟也最棒的書店》開始,松浦彌太郎對我來說,就像是神一樣的存在。

無論是《日日100》中介紹他身邊的每樣東西,

或是《放下包袱的輕生活練習》中對於「斷捨離」的見解,

甚或是他在《自在的旅行》一書中的台北觀察,

我們總能看到獨樹一格又勇敢的他。

而這本《基本100》更是赤裸裸地直接寫出了他的中心思想,

我很榮幸能夠成為這本書的一部分。